Mein Erfolgstagebuch

Claudia Härtl-Kasulke (Autorin)
Sabine Lemke (Illustratorin)

BELTZ

Inhaltsverzeichnis

Das Erfolgstagebuch gehört

....

Post für mich an diese Adresse:

....

....

Oder einfach anrufen:

....

Heute starte ich:

....

Mein Leben ist ein Meisterwerk

Gratulation! Sie haben das Erfolgstagebuch für sich entdeckt, das Ihnen dabei hilft, Ihr Leben als Meisterwerk zu entfalten. Sie laden es gerade ein, dass es Sie begleitet und mit Ihnen die Erlebnisse genießt, die Sie in Ihrem Leben inspirieren, beflügeln und darauf warten, dass Sie damit die Seiten füllen. Es ist vergnüglich, das Schöne im Leben beschrieben zu sehen. Und mit diesem Tagebuch können Sie es sich jederzeit in Erinnerung rufen. Und: Sie werden entdecken – so Sie es noch nicht wussten – Ihr Leben ist ein Meisterwerk!

Ihre besonderen Erfahrungen werden Sie stets aufs Neue inspirieren und beflügeln, das wünsche ich Ihnen!

Claudia Härtl-Kasulke

»Jedes Kunstwerk ist ein Zauberspiegel, in dem sich die eigene Seele verschönt erblickt.«

Johann Jakob Mohr (deutscher Erzähler)

In diesem Erfolgstagebuch finden alle Ihre Meisterwerke Platz. So begleitet Sie künftig dieses Buch als Ihr persönliches Meisterwerkbuch. Und: Mr. Posy und Mrs. Posy sind mit von der Partie. Mit viel Charme und mit all ihren Charakterstärken stehen die beiden mitten im Leben. Lassen Sie sich überraschen, welche Inspirationen sie mitbringen.

Doch da gibt es noch jemanden! – Gestatten: Negi. Ich vermute, Sie kennen ihn. Er ist unser Begleiter, der mit seinen Kommentaren alles kritisch beleuchtet, infrage stellt ... Wenn wir nicht aufpassen, verhindert er so einiges im Leben, das wir gern auf den Weg bringen würden. Doch Stopp! Er hat auch Stärken!

Und jetzt gibt es eine weitere Überraschung! Wir laden Sie auf den ersten Seiten gleich zu einem Rätsel ein: Entdecken Sie die Charakterstärken von Mr. und Mrs. Posy und natürlich auch von Negi. In jeder Szene – schon ab → Seite 2 – steht jede der abgebildeten Personen für eine andere Charakterstärke. – Welche ist es jeweils? Auf → Seite 34 f. finden Sie alle Charakterstärken auf einen Blick und können Ihre Entdeckungen dort eintragen. Und auf → Seite 124 f. finden Sie die Auflösung. Viel Spaß!

Meisterwerk? Versprochen! Schauen Sie mal rein!

Ihr Leben ist ein Meisterwerk. Es ist einzigartig. Und Sie gestalten es Tag für Tag! Sie fügen mit jeder kleinen Freude, die Sie in Ihr Leben eintreten lassen einen unverwechselbaren Aspekt hinzu. Es ist auf diese Weise allein Ihr Meisterwerk. Und Sie können es teilen: mit Ihrer Familie, Ihren Freunden, mit den Menschen, die Ihnen lieb und es wert sind. Und auf diese Weise wird es mehr. Viel mehr!

Auf diesem Weg, dem Leben mit all seinen Herausforderungen zu begegnen und ihm gleichzeitig das Schöne, das Leichte, das Wohltuende als kongeniale Partner an die Seite zu stellen, steht Ihnen dieses, Ihr Erfolgstagebuch als Meisterwerkbuch zur Seite. Es begleitet Sie bei allen kleinen und großen Herausforderungen.

Es sind die Licht- und die Schattenseiten, die dem Leben Kontur geben, es spannend machen. »Nein!«, höre ich Sie sagen, während Sie diese Zeilen lesen. »Die Schattenseiten brauche ich wahrhaftig nicht!« Doch überlegen Sie einmal: Wie viele Erkenntnisse haben Sie gerade in fordernden, turbulenten Zeiten gewonnen? Und diese bereichern doch nun Ihr Leben – oder? Und: Diese Erfahrungen haben Sie wachsen lassen. Sie sind gestärkt aus diesen Situationen hervorgetreten.

Selbst monochrome Kunstwerke erstrahlen durch Licht und Schatten auf besondere Weise. Dieses besondere Wahrnehmen schleicht sich meist erst leise, fast unmerklich sanft ins Leben. Mit der Zeit wird es üppiger, gewinnt mehr und mehr Tiefe. Es ist wie ein Bild, das Sie lange Zeit betrachten. Sie erkennen zunehmend mehr und mehr die Details, die Vielfalt der Farben und deren Changierungen und machen immer wieder neue Entdeckungen. Und wenn Sie sich noch mehr Zeit schenken, gewinnen Sie Erkenntnisse daraus.

»Kein Licht ohne Schatten! Kein Schatten ohne Licht.«

Verstehen Sie mich richtig. Es ist hier nicht angesagt, dem Trauern, dem Schmerz, der uns fast zerreißt, dem Ärger, den Befürchtungen, der Wut, dem Neid, dem Jammern und was es noch alles gibt im Leben, das uns stolpern lässt, keinen Platz einzuräumen. Das wäre fatal. Auch dem müssen wir Zeit einräumen, denn sonst würden uns diese Emotionen immer wieder und dann vielleicht größer, fordernder, zerreißender begegnen. Nein! Auch diese benötigen Zeit und Raum.*

* Dafür gibt es extra Jammerseiten. Und Sie entscheiden, wie lange Sie sich dort aufhalten wollen (→ S. 116 f.).

Von einer amerikanischen Schriftstellerin las ich, dass sie ihren Neid richtig liebgewonnen hat. Erzählt er ihr doch bei näherem Befragen, was sie im Leben gern anders, mehr oder überhaupt gern hätte. Und wie erstaunt war sie, als das Ganze durch das Betrachten ihres Neides so konkret wurde: der gelbe Porsche des Freundes, die Villa mit acht Schlafzimmern der Kollegin, die Reise um die Welt ... Sie spürte in dem Moment in sich, dass all das keinen wirklichen Wert für sie besaß, dass ihre Sehnsüchte ganz andere waren. Ihr Neid verabschiedete sich und sie konnte sich dem kraftvoll widmen, was sie wirklich wollte.

SICH SELBST AUF DIE SPUR KOMMEN ... Markus Stenglein, früherer Chefredakteur von Men's Health, hatte sich vorgenommen gelassener zu sein. Ein Jahr später stellte er fest: »Mehr Gelassenheit« ist kein Zieleinlauf mit Finisher-Urkunde«. Er tauschte eine seiner drei Schwimmeinheiten mit Yoga. Und er bemerkte: Jetzt kann er öfter loslassen.

Ein Hochschulprofessor ließ sich von seiner Frau – einer Teilnehmerin in einem unserer Workshops »Stärken stärken« – inspirieren ... Eigentlich war er Bewegungsmuffel. Mittlerweile gibt es die morgendliche Gehmeditation mit seinen Studenten. Was bringt das? Einen entspannten Einstieg in den Tag – das sagen alle – und eine erfahrungsreiche Beziehung zu seinen Studierenden, das sagt er.

Eigentlich war er vor seinem Start in Sachen »persönliche Stärken stärken« ein hoffnungsloser Pessimist, aber nun kam er sich selbst auf die Spur. Jeden Tag ein kleiner Rückblick: Was hat mir Spaß, Freude gemacht? Darauf freute sich auch sein Erfolgstagebuch. Und seine Führungskräfte und Mitarbeiter! Sie erzählten ihm schon nach kurzer Zeit, wie dankbar sie sind, dass er sie jetzt so lösungsfreudig begleitet. Das veränderte die Atmosphäre! Er konnte es nicht glauben. Doch ein Blick in sein Meisterwerkbuch zauberte den Zweifel weg. Ja, er kam sich selbst auf die Spur, denn jetzt konnte er Schritt für Schritt erkennen, wo und wie stark er sich verändert hatte.

GEWINNEN SIE EIN NEUES LEBEN! Obwohl die Zeichen angeblich extrem auf Veränderung stehen, unser Alltag von sprunghaft steigender Komplexität geprägt ist, Geschwindigkeit zur Hexerei wird, immer mehr Menschen mir erzählen, wie sehr sie ihre tägliche Taktung erschreckt, wie sehr sie das private Erleben vermissen, weil sie nach getaner Arbeit nur noch kraftlos auf ihre Couch sinken, rufe ich Sie dazu auf: Gewinnen Sie ein neues Leben! Doch viele sagen: Dafür habe ich keine Zeit!*

*Sie kennen diesen Satz schon in- und auswendig und bisher hat er Sie kein bisschen weitergebracht. Schauen Sie doch einfach einmal in das Buch von Eva Brandt »Zeitmanagement im Takt der Persönlichkeit« (2017).

*»Verfolge dein Ziel,
als ob du es nicht hättest«*

Laotse

IHR NEUSTART! Ja, das geht! Und: Ja, jeder von uns kann hier Zeichen setzen. Sie können Zeichen setzen. Packen Sie es an! Räumen Sie dem Wohlergehen in Ihrem Leben mehr Platz ein.

Sie können das Erfolgstagebuch in Ihr Leben integrieren und auf diese Weise die Puzzelsteine Ihres Lebens mit mehr Leben füllen. Sie erhalten in diesem Buch viele Impulse*. Machen Sie sich selbst das Geschenk und nutzen Sie diese Anregungen für Ihre kleinen täglichen Auszeiten. Entdecken Sie, dass Sie sich mit diesem neu gewonnenen achtsamen Blick Tag für Tag in Ihrem Tätigsein bereichernd begleiten.

* Diese Impulse finden Sie ab → S. 36 Ihres Erfolgstagebuchs.

Für einen solchen Neustart ist es wichtig, mutig zu handeln. Motor ist: Das Alte hat bisher nicht zu Neuem geführt, hat unserem Leben nicht mehr Leichtigkeit, Intensität, Lebendigkeit geschenkt, uns keine Zeitfenster für mehr Privates geöffnet. Der Psychologe Jens Corssen lockt seine Leser, sich mit Entdeckungsabenteuern an das Neue im Alltag zu gewöhnen.

Starten Sie durch und überlegen Sie sich: Was kann ich heute neu ausprobieren, neu entdecken? Vielleicht einen anderen Weg zur Arbeit gehen, einen Kinobesuch mit Alternativprogramm, ein unbekanntes Lokal

besuchen ... Und was erfreut Sie daran, wenn Sie es tun? Schreiben Sie es auf. Das stärkt Sie in Ihrer Freude, etwas anderes zu machen und damit Überraschungen in Ihr Leben zu locken.

»Die Zukunft, die wir wollen, muss erfunden werden, sonst bekommen wir eine, die wir nicht wollen.«

Joseph Beuys

DEM ALLTAG NEUE ABENTEUER ZUR SEITE STELLEN: ZIELE UND VISIONEN LEBEN. Wie? Sie zweifeln? Dann überlisten Sie sich selbst. Setzen Sie Ihre allabendliche Vision von dem, was Sie sich wünschen, vor das Einschlafen: Wie sieht diese Vision aus? Wie fühlt es sich an, wenn ich das, was ich will, schon erreicht habe? Beschreiben Sie es. Sie wissen, Ihr Tagebuch ist ein kongenialer Begleiter. So setzen Sie sich einen Fixstern, der Sie täglich begleitet. Damit begegnen Sie Ihren Zweifeln, Hindernissen, Störungen, dem Hadern und Jammern. Denn Sie können es stets für sich wieder hervorholen: Sie wissen bereits, wie das, was Sie wollen, aussieht, wie es sich anfühlt. Und Sie wissen: Ich schaffe das!

Und nach getaner Tat, selbst wenn erst klitzekleine Schritte auf dem Weg gegangen sind, steht Ihr Tagebuch Ihnen zur Seite und hält für Sie fest, was schon gut gelaufen ist, worüber Sie sich freuen und was Sie bereits dankbar betrachten können.

NEUES WAGEN: MACHEN SIE DIE ÜBERRASCHUNG ZU IHREM BEGLEITER UND ERFREUEN SIE SICH! Viele Jahre Beziehung – das Leben durch dick und dünn miteinander gestemmt, der Alltag nimmt mehr und mehr Platz ein. Mal Hand aufs Herz – es gibt Langeweile. Laden Sie zu einem Blind Date* ein! Ihr Partner weiß nicht, wo es hingeht, was ihn erwartet. Er weiß nur, wann es losgeht und wann es endet. Sie suchen Ereignisse aus, die Sie noch nie erlebt haben, die Sie vielleicht nie zu zweit planen würden: das alternative Modeabenteuer, der Literaturklub für erotische Geschichten, das Symposium für archaische Heiltänze, das Programmkino, das noch immer in den Räumen »lebt«, wie zu seiner Gründung in den 1930er-Jahren, ein Auswahlwettbewerb der Paralympics, das kleine neu eröffnete Restaurant um die Ecke für die gemeinsame Mittagspause ... Falls Sie Ideen suchen, schauen Sie einfach in Ihre Tageszeitung, die ist voll davon.

*Dieses Blind Date ist nicht nur für Beziehungen, sondern auch für Familie und Freunde voller bereichernder Überraschungen und Erlebnissen, oft sogar Abenteuern!

Sie sehen, Ihrer Fantasie sind wirklich keine Grenzen gesetzt. Und Sie können es groß oder klein, situativ oder lang geplant leben. Es gibt nur eine Spielregel: Beide bringen Neugierde und Mut mit, etwas einmal anders zu sehen, zu erleben. Es wird nur auf das geachtet, was anregt, Freude macht.

Lächle – und die Welt lächelt zurück

Ihr Geschenk: Sie entdecken nicht nur ihr Leben neu. Sie springen in ein anderes gemeinsames Leben. Sie belohnen sich mit Gesprächen, die sie vielleicht schon lange nicht mehr miteinander geführt haben. Sie fühlen eine kindliche Entdeckerfreude, die Ihr Leben auf eine ganz eigene Weise bereichert. Und: Sie entdecken Vorlieben, Geheimnisse. Auf diese Weise pflegen Sie Ihre Beziehungen und machen sich fit für das Neue.

SCHENKEN: TEILEN SIE DAS, WAS SIE TUN, MIT ANDEREN. ES KOMMT TAUSENDFACH ZURÜCK. Sie haben die Wissenschaft an Ihrer Seite: Die Spiegelneuronen unterstützen Sie dabei. Sie haben es sicher auch ohne wissenschaftliche Erkenntnisse vielfach erlebt, dass Beziehungen die Leitsterne in unserem Leben sind. Sie geben Freude, Ernsthaftigkeit, Unterstützung in all dem, was unser Lebenspuzzle für uns bereithält.

»Welches auch die Gaben sein mögen, mit denen du erfreuen kannst, erfreue.«

Ovid

Schenken Sie: ein nettes Wort, ein Lächeln, Zeit, das Lieblingsessen*. Sich selbst, das eigene Glück in einer Gemeinschaft zu erleben, erwärmt das Herz und ist der Dünger für persönliches, geistig-seelisches Wachstum.

*Überraschen Sie sich und andere mit dem Genusstisch. (→ S. 68).

GEWINNEN SIE EIN BEWEGTES LEBEN! 10 000 Schritte am Tag sind gesund – sagen Mediziner. Gemeinsam mit meinem Golftrainer war ich am Fachsimpeln. Erhellend war die Frage: »Na, macht dir das wirklich Spaß?«

Spazieren, Laufen, Schwimmen, Radfahren, Wandern, Drachenfliegen, Tanzen, Trampolinspringen, Sport, der Garten, Geocatching … Es ist ganz egal, was Sie wählen. Hauptsache: Sie lassen Bewegung in Ihr Leben. Setzen Sie nicht auf Wettbewerb (es sei denn, es macht Ihnen aus tiefsten Herzen heraus Freude). Setzen Sie auf das, was Sie begeistert. Denn genau das wird Sie Tag für Tag dazu bewegen, es auch zu tun. Und Sie wissen: Teilen Sie das, was Sie tun, mit anderen …

Die Chinesen sagen: Ohne Veränderung keine Zukunft

Es entsteht Wunderbares! Auf dem Gipfel seiner Formel-1-Karriere sagte Nico Rosberg: Stopp! In vielen Zeitungen war über seine Entscheidung nachzulesen: »Ich bin nicht mehr bereit, auf diese Art und Weise zu attackieren – tagein, tagaus. Ich möchte hiermit stoppen und folge meinem Herzen. Es fühlt sich total richtig an. Das werden schönen Zeiten.«

Weitere Beispiele: Wer kann zu solchen Entscheidungen »Nein« sagen?

Baba Lena

Sie startete zu ihrer Weltreise, ist schon bald die Königin der Backpacker. Sie genießt es, am thailändischen Strand mit den Füßen Spuren im Sand zu hinterlassen, in Vietnam auf dem Rücksitz eines Mopeds dahinzufahren, an der Küste Israels auf einem Kamel zu reiten. Sie teilt ihre Fotos mit uns auf Facebook.* Na, wie alt mag sie wohl sein? Gerade das Abitur hinter sich und dann durchgestartet? ... Sie kennen das vielleicht auch von jungen Erwachsenen. Doch Baba Lena aus Sibirien reist mit ihren 89 Jahren mit einer Rente, die uns wie ein Taschengeld anmutet, um die Welt.
20 – 33 – 89: Sie sehen, das Abenteuer Leben macht vor keinem Alter halt.

*Sind Sie neugierig? Hier die Fotos von Baba Lena auf Instagram: https://www.instagram.com/babushka_1927/

Entscheidung für mehr freie Zeit und dabei Sinn erleben

Das Haus ist bezahlt, die Kinder haben das Studium abgeschlossen. Jetzt heißt es wieder Freiheit für sich gewinnen. Immer mehr erleben wir in unseren Coachings, dass Führungskräfte 50 plus sich überlegen, ob sie Jobsharing machen. Wenn sie sich entschieden haben, erleben sie es als ihren persönlichen Siegeszug in ihrem Leben. Viel ist geschafft, jetzt steht wieder das eigene – bei Paaren das gemeinsame – Wohlbefinden an erster Stelle. Und da sind sie ganz nah bei der Generation Y. Für sie ist es nicht mein Haus, mein Auto, meine ... Viele, die dieser Generation angehören, verzichten bewusst auf die klassische Karriere und setzen auf freie Zeit. Das bedeutet: Führungskräfte arbeiten in Teilzeit, nehmen Elternzeit, freuen sich darauf, mit Familie und Freunden ihr Leben zu leben. Sie leben nicht nur für den Job! Also: Kommen Sie sich selbst auf die Spur! Es muss nicht die große Auszeit sein. Gönnen Sie sich täglich kleine Auszeiten. Laden Sie sich selbst dazu ein ... Und erleben Sie dabei, wie und wo sich Ihr Lebenssinn zeigt, Sie führt, Sie inspiriert, Sie beflügelt. *

* Ein Blick auf Ihr Meisterwerk ist eine wahre Überraschungsreise in die Welt Ihres Lebenssinns ... Neugierig? Blättern Sie einfach auf die → Seite 58 und tauchen Sie bei »Ihr Meisterwerk« ein in das Puzzle Ihres Lebens.

SIE SIND IN WIRKLICH GUTER GESELLSCHAFT: Es sind nicht nur die großen Veränderungen in unserer Arbeitswelt, die uns ächzen und stöhnen lassen, sondern es kündigt sich generell ein Wandel in der Gesellschaft an. Schauen Sie genau hin und Sie werden erkennen: Sie sind nicht allein, Sie sind in guter Gesellschaft! Daher ist es wichtig, einen Gegenpol zu schaffen. Die Positive Psychologie öffnet hier den Weg zu fünf wichtigen Säulen:

P – positive Emotionen
E – Engagement
R – Relations, unsere sozialen Beziehungen
M – Meaning, also das, was Sinn stiftet
A – Achievement, Accomplishment, Leistung und Ziele erreichen

Das Zauberwort lautet PERMA.

PERMA steht für Ihr Wohlbefinden und das Erblühen Ihrer Stärken. Die Übungen und Tipps in diesem Erfolgstagebuch begleiten Sie dabei. Schmieden Sie Ihr Meisterwerk, solange es heiß ist. Damit Sie die passenden Stellen schnell erkennen, finden Sie die Buchstaben auch in allen Sie begleitenden Tipps und Impulsen.

Wenn Sie diese Zeilen gelesen haben, mag Ihr Verstand sich melden und den Finger heben: »Ist doch alles viel zu mystisch«, könnte er sagen. Oder: »Papperlapapp, wirkt doch eh nicht.« Oder: »Das glaube ich nicht!« Lassen Sie ihn in diesem Glauben, denn Sie wissen es besser. Dafür holen wir die Positive Psychologie an Bord. Sie hat sich dem »Wellbeing« verschrieben, dem »Flourishing«, also dem Wohlergehen und dem Erblühen. Als inzwischen etablierte Disziplin der Psychologie erforscht sie, was wir – jeder von uns – dazu beitragen kann, dass es uns gut geht. Sie entdeckte dafür als wirksame Methoden nicht nur die Achtsamkeitspraxis und das resiliente Stärken-stärken-Programm, die im Leben Pate für unsere Balance stehen.*

* Die Achtsamkeitspraxis, die Stärken stärkende Resilienz und das Wohlbefinden, die sich die Positive Psychologie auf die Fahne geschrieben hat, fördern Sie, wenn Sie den Impulsen und Übungen ab → Seite 36 folgen.

Bei genauem Betrachten sind Achtsamkeit und Resilienz mehr als Methoden.

Mit gelebter Achtsamkeit bringen Sie Ihren Körper und Geist in Einklang. Aufmerksam und achtsam mit allem, was wir erfahren, erleben, mit all denen, die uns dabei begleiten, bereiten wir unseren sinnstiftenden Lebensweg. Dafür gibt es das resiliente Stärken-stärken-Programm. Das bedeutet, dass der Fokus auf das Positive gelenkt wird. Sie können sich sagen: »Ich weiß, dass ich mehr Gutes als Belastendes im Leben erlebe.

Und ich weiß, dass mir bei allem, was ich erlebe, was mich fordert, meine Erfahrung, mein Wissen, meine Weisheit dabei helfen, es gut zu lösen. Wenn wir achtsam darauf schauen und diese Einstellung als Haltung verinnerlichen, geben wir unserem Leben eine stärkenorientierte Ausrichtung. Mit dieser Lebenseinstellung sind wir resilient unterwegs.

Die Forschung der Positiven Psychologie bestätigt dies. Mithilfe dieser Grundlagen öffnen wir die Tore für das, womit wir zusätzlich Terrain gewinnen. Wir erhalten den Weg zu unseren positiven Emotionen (P), zu unserem Engagement (E), den Relations, unseren sozialen Beziehungen (R), zu Meaning, dem Sinnstiftenden, wenn wir unsere Stärken zu einem höheren Zweck einsetzen (M) und dem Achievement, Accomplishment (A), sich selbst mit Zielen zu begleiten, sie anzustreben und zu erreichen. Probieren Sie es aus: Sie erleben sich dabei in Ihrer Selbstwirksamkeit.

Das steigert Ihr Selbstwertgefühl, schenkt Ihnen mehr Zufriedenheit und natürlich sind das wichtige Bausteine für Ihr Lebensglück. Denken Sie an das Zauberwort PERMA, das für Ihr Wohlbefinden und das Erblühen Ihrer Stärken steht. Mit PERMA sind Sie Ihres eigenen Glückes Schmied. Ihr Leben schenkt Ihnen dafür – das wissen wir aus der Positiven Psychologie – 24 Charakterstärken.

ENGAGEMENT ERHÖHEN: Die Positive Psychologie fordert uns auf, zum Ziel stets eine Prise mehr zu setzen, als das, was wir zu können glauben. Doch wie können Sie diesen ersten Schritt gehen? Mit den ersten gesetzten Zielen stecken Sie schon mittendrin in Ihrem Wohlfühlabenteuer.

DIE LIEBE ACHTSAMKEIT: STRESS RAUS UND FREUDE REIN! Vielzitiert, fast schon überstrapaziert, dennoch lade ich Sie ein, genauer auf die Achtsamkeit zu schauen. Sie ist es wirklich wert! Seien Sie neugierig. Halten Sie an. Nehmen Sie das Schöne wahr, das Ungewöhnliche. Kosten Sie den

Moment aus – in Begegnungen, dem Arbeiten, dem Leben mit Familien und Freunden. Und erleben Sie, welche Gefühle Sie begleiten. Sie sind der Schatzsucher in all dem, was Ihnen gefällt. Und schon sind Sie mittendrin in der Welt der Achtsamkeit. Auf diese Weise schenkt uns Achtsamkeit Pausen des Innehaltens und füttert damit das limbische System, vor allem dessen Nachbarn: den Nucleus accumbens. Dank ihm wird daraus mehr, je häufiger wir es machen. Er verstärkt die Impulse, dass wir die Achtsamkeit stetig in unser Leben lassen. Betrachten Sie daher neugierig, achtsam und freudvoll jeden Tag und das, was entsteht. Das baut Ihre Motivation auf und inspiriert. Und wenn Sie den Nucleus accumbens auf diese Weise nähren, dann stellt sich das Wohlfühlen auch in anderen Situationen ein, wird ein energievoller, uns tragender Begleiter im Leben.

»Es ist wie eine besondere Blume in mir selbst. Ein Raum, der sich entfaltet und mich nährt. Und in dem ich erblühe.«

Seminarteilnehmer

Das macht Freude und setzt rechtzeitig ein Stopp für das, was schieflaufen könnte. Es genügt, achtsam auf Ihren Atem zu achten, für eine Minute, zwei, drei Minuten ... immer wieder. Damit entsteht für Sie eine besondere Qualität des Lebens, eine Lebensart, Lebenskunst. Die Achtsamkeit ist ein Stresslöser, Kreativität zieht ein, Freude am Tun und im Miteinander. Das Leben wird wieder in seiner ganzen Vielfalt spürbar. *

* Wenn Sie sich also auf die Schatzsuche für mehr Achtsamkeit befinden, entdecken Sie auch hier Impulse und Übungen. Und experimentieren Sie! Wenn Sie einmal gestartet sind, können Sie diese Übungen auch in Ihr Sprechen, Laufen, Essen einkehren lassen.

Stärken »stärken« unser Meisterwerk: Wir sind Helden unseres Lebens

Wir beide, Claudia Härtl-Kasulke und Sabine Lemke, werden Sie mit dem Blick auf das Schöne, das was Ihre Energie beflügelt, begleiten. Das Schwere, also das, was Kraft kostet, ist in unserer Kultur schon »gut« und genug verankert. Schauen wir doch oft zuerst auf die Tiefen des Problems, auf das, was nicht geht, das, was uns fordert. Aber: Wir schreiben nicht mit der Haltung »Alles ist machbar!«. Wir schreiben und zeichnen mit dem Wissen, dass es viele Wege zu uns selbst gibt. Wenn wir nur einen einzigen entdecken, schenkt er uns mehr vom Reichtum des kleinen Glücks. Warum nicht das große? Die Antwort ist einfach, darauf müssten wir zu lange warten. Das kleine lauert täglich und überall. Viele kleine Glücksmomente öffnen uns für mehr Wohlbefinden, für das Erblühen all dessen, was bisher im Verborgenen lag. Und haben wir diese Momente erst einmal für uns entdeckt, können wir in Sekundenschnelle nach den Perlen unseres Glücks tauchen. In unserem Leben steckt mehr, als wir glauben!

Ihre Gefühle, Ihre Emotionen: Geben Sie ihnen die Chance, in Ihnen nachzuschwingen

Dies ist kein Lebenshilfe- oder gar Lebensretterbuch. Es ist keine Anleitung in zehn Schritten zum Glücklichsein oder das Do-it-yourself-Buch »Wie repariere ich mein Leben«. Es ist ein Buch, das Sie sich persönlich schenken. Sie schenken sich Zeit, bei sich selbst anzukommen, in den Wogen des Alltags innezuhalten. Sie schreiben auf, was Sie zutiefst berührt. Mit Ihrem Schreiben schenken Sie Ihrem Leben Aufmerksamkeit und lassen Achtsamkeit in Ihren Alltag. Wie bei einem Puzzle werden Sie auf diese Weise Ihr Leben Teilchen für Teilchen bereichern.

Indem wie wir Sie in diesem Erfolgstagebuch begleiten, mögen unsere Zeilen, unsere Zeichnungen dafür Impulse sein. Ob Sie Ihnen Türen öffnen, liegt bei Ihnen. Wenn Sie mit einigen Übungen oder Tipps Erfahrungen machen und entdecken, dass diese für Sie ungeeignet sind, liegt das in Ihrer Hand. Ob Sie dabei das leben, was Sie schon immer Ihr eigen nennen wollten, ist Ihre Entscheidung. Vielleicht erhalten Sie Impulse, etwas Eigenes zu gestalten ... Nehmen Sie das mit, was Ihnen bereichernd zur Seite steht. Weben Sie Faden für Faden den Teppich, knüpfen Sie Perle für Perle die Perlenkette Ihres Glücks. Sammeln Sie Ihre Glücksfäden.

»Sie zählen nicht die Tauben auf dem Dach. Sie haben Sie in der Hand.«

Wir freuen uns, wenn wir Sie ein Stück des Weges begleiten können, ein Stück auf dem Weg zu Ihrem ganz persönlichen Reichtum, Ihrer persönlichen Meisterschaft.

Gemeinsam mit Sabine Lemke begleite ich Sie auf den folgenden Seiten mit kleinen Inspirationen, Geschichten, mit Humor. Es sind Anregungen. Erlauben Sie sich, das zu entdecken, was Ihnen wirklich, wirklich Freude macht. Es sind Angebote zum Lächeln, Entdecken und Loslassen.

Und natürlich freut sich Ihr Erfolgstagebuch auf dem Weg zum Meisterwerkbuch über alles, was es mit Ihnen erfahren, erleben, erkennen kann. Denn Sie wissen, geteilte Freude ist doppelte Freude.

Claudia Härtl-Kasulke und Sabine Lemke

Starten Sie durch!

Schreiben, zeichen, gestalten Sie ... Jeder Weg beginnt mit dem ersten Schritt ... Mit Ihrem ersten Schritt ...

Es gibt kein richtig oder falsch, machen Sie dieses Buch zu Ihrem ganz persönlichen Meisterwerk. Ob Sie inspirierende Aufzählungen, Gedichte oder Liebesbriefe an sich selbst und andere schreiben, ob Sie zeichnen oder mit Bildern, Fotos, Comics und Collagen Ihre Texte illustrieren ... Alles ist erlaubt!

Ihr Erfolgstagebuch – Ihr Leben ist ein Meisterwerk: Tag für Tag!

Und gleich zum Start das Wort eines großen Österreichers: Stefan Sagmeister, der bekannte österreichische Designer, der in New York lebt, erzählte in einem Hörfunkinterview, dass er jeden Abend seine drei Erfolge notiert …

»Was immer du auch tun kannst oder erträumst zu können, beginne es. Kühnheit besitzt Genie, Macht und magische Kraft. Beginne es jetzt.«

Johann Wolfgang von Goethe

ICH FINDE, DIE ZEIT IST REIF FÜR IHR MEISTERWERKBUCH! Wenn Sie sich weniger auf Künstler verlassen wollen, dann erzählt die Positive Psychologie aus ihrem reichen Forschungsfundus ebenfalls, wie Erfolg versprechend diese kleinen – und wenn Sie wollen auch großen – Notate sind.

LAUSCHEN SIE ABENDS IHRER PERSÖNLICHEN GUTENACHTGESCHICHTE: Schreiben Sie am Abend in Ihr Erfolgstagebuch – Ihr Meisterwerkbuch – drei Glücksmomente, kleine Dinge, Erlebnisse, die Ihnen heute gutgetan haben. Studien zeigen, dass das Schöne in unserem Leben, wenn wir es uns bewusstmachen, das Glückshormon Dopamin aktiviert.

Sie ahnen es schon. Das Schreiben über Ihr Meisterwerk, der Blick auf Ihre Stärken, auf das was Ihr Herz erfreut, was Sie mit Glück erfüllt, lenkt

Sie Tag für Tag mehr und mehr auf das, was Ihnen in Ihrem Leben guttut. Es lässt Sie aufmerksamer durch die Welt gehen. Denn Sie halten Ausschau nach Ihren Freuden, Stärken, Glücksmomenten.

Beginnen Sie also jetzt, bevor Ihr innerer Kritiker Ihnen die Stolpersteine in den Weg legt. Wann ist es am wirksamsten? Vor dem Schlafen-

gehen. Denn dann glüht all das, was Ihnen der Tag Positives bescherte, im Unterbewusstsein nach. Und so kann es geschehen, dass sie morgens mit einem stärkenden Gedanken wach werden, für den Sie abends den Samen in Ihrem Erfolgstagebuch gesetzt haben. Wie viel Zeit soll ich dafür einplanen? Häufig werde ich das gefragt. Ideal ist es, wenn Sie jeden Abend drei Minuten Zeit für sich finden, damit das, was Schönes am Tag zu entdecken ist, auch Eingang in Ihr Puzzle des Lebens findet. Sie wissen: Das Glück liegt in den kleinen Dingen.

Doch Halt! Bevor Sie jetzt sagen, das klappt sowieso nicht – können Sie gern Ihre Jammerseite* besuchen oder einfach einmal anfangen. Denn besser Sie machen es wöchentlich als überhaupt nicht.

* Und hier geht's ab zur Jammerseite, die Sie auf den → Seiten 116 f. finden.

DURCHSTARTEN – AUF DIE PLÄTZE FERTIG LOS! Hier fangen gleich Ihre Tagebuchseiten an. Und wenn Sie für Ihre gewonnenen Erkenntnisse einen Platz suchen. Schauen Sie doch einfach mal auf den folgenden Seiten vorbei, die Sie gleich nach Ihren Tagebuchseiten finden.

Die Symbole, die Sie auf den folgenden Seiten finden

Wir setzen Impulse, damit begleiten wir Sie. Wenn Sie etwas suchen, finden Sie es schnell durch folgende Symbole:

Übung – ein wenig Zeit einplanen, doch meist nicht mehr als fünf Minuten

Impuls – das ist eine Anregung für einen Augenblick

Tipp – wie kann etwas noch leichter oder sogar in noch weniger Zeit gelingen

Info, Wissen, Literaturhinweis – etwas, was Sie noch inspirieren kann

Ritual – ein Tipp, wie Sie das, was Sie gern möchten, in Ihrem Alltag ankern

PERMA – damit Ihr Wohlfühlen und Erblühen gut gelingt und Sie dafür die Impulse dazu schnell finden:

P – positive Emotionen

E – Engagement

R – Relations, unsere sozialen Beziehungen

M – Meaning, also das, was Sinn stiftet

A – Achievement, Accomplishment, Leistung und Ziele erreichen

KANN DIREKT IN IHREN ALLTAG INTEGRIERT WERDEN – DIE KÜR. (Fast) alles, was wir hier beschreiben, können Sie direkt in Ihren Alltag tragen. Mit dem jeweiligen Symbol kennzeichnen wir die Übungen, die dafür am besten geeignet sind. Viele Übungen vereinigen Impulse mehrere Symbole. Wir haben den Übungen jeweils das aus unserer Sicht am stärksten fokussierte Symbol von PERMA den Anwendungssymbolen zur Seite gestellt.

Die 24 Charakterstärken

Hier sehen Sie die 24 Charakterstärken. Tragen Sie in die Tabelle unter den Namen einfach ein, auf welcher Seite welche Charakterstärke unserer Darsteller Mr. und Mrs. Posy und natürlich die von Negi zu erkennen sind.

- → Ausdauer, Beharrlichkeit
- → Authentizität (Aufrichtigkeit, Integrität)
- → Bescheidenheit
- → Bindungsfähigkeit
- → Dankbarkeit
- → Enthusiasmus, Tatendrang, Lebenskraft, Vitalität
- → Fairness
- → Freundlichkeit, Großzügigkeit
- → Führungsvermögen (Leadership)
- → Hoffnung
- → Humor, Verspieltheit (Playfullness)
- → Kreativität
- → Liebe zum Lernen
- → Neugier
- → Selbstregulation
- → Sinn für das Schöne
- → Soziale Intelligenz
- → Spiritualität
- → Tapferkeit
- → Teamwork, Loyalität
- → Umsicht, Urteilsvermögen
- → Vergebungsbereitschaft (forgiveness, mercy)
- → Vorsicht
- → Weisheit

Illustrationen von Buchseite	Die entdeckten Stärken von		
	Mr. Posy	Mrs. Posy	Negi
2 und 3			
8			
13			
14			
15			
17			
18			
22 links			
22 rechts			
23			
26			
30			
120			

Die Auflösung finden Sie auf → Seite 124.

Ihre Tagebuchseiten

IHR STRAHLENDES LÄCHELN

Begleiten Sie sich heute mit einem Lächeln. Sie überraschen sich bereits morgens vor dem Aufstehen. Lächeln Sie sich einfach zu ... Ein Blick in den Spiegel ... Ihre Augen strahlen, wenn Sie sich sehen ... Sie gehen zur Besprechung und lächeln leise vor sich hin ... Was entdecken Sie an diesem Tag?

P. S: In der Psychologie ist es seit Anfang des 20. Jahrhunderts bekannt, dass es keinen Grund für das Lächeln braucht, einfach das Tun wirkt schon auf unser Wohlbefinden.

»Das Lächeln, das du aussendest, kehrt zu dir zurück als Glück.«

Indisches Sprichwort

SIE HABEN SICH EIN BEIN GESTELLT: ERKENNTNISSE GEWINNEN

Sie stolpern ... Sie stolpern bewusst. Oder Sie stolpern in einer Situation – das kann mental oder im übertragenen Sinn sein. Beispielsweise dann, wenn etwas, das Sie gern wollen, nicht entsteht. Erleben Sie dieses Gefühl, das Sie währenddessen beziehungsweise danach begleitet. Und fragen Sie sich: Welche Erkenntnis schenkt mir diese Erfahrung meines Lebens?

»Den wahren Geschmack des Wassers erkennt man in der Wüste.«

Israelisches Sprichwort

HEUTE ... MEINE WELT IST VOLLER WUNDER

Erzählen Sie sich Ihre Geschichten, die Ihr Leben so meisterhaft begleiten.

Tipp: Sie haben wenig Zeit – dann erzählen Sie sich einfach Ihre Lieblingsgeschichte.

»Das Glück liegt nicht in den Dingen, sondern im Menschen.«

Deutsches Sprichwort

AUF MEINE FREIRÄUME ABFAHREN

Welchen Freiraum, welche Auszeit leben Sie heute? Und: Was entdecken Sie dabei? Was schenken Sie sich damit?

Tipp: Wenig Zeit? Dann lassen Sie einfach zwischendurch für eine Minute die Seele baumeln. Sie werden erstaunt sein, was Sie dabei erleben ... Sie stellen fest, sobald Sie sich Ihre Auszeit nehmen, kommen die Gedanken:

»Ein Vorsatz ist dazu da, ihn zu verwerfen – ich habe jeden Tag den Vorsatz, besser zu werden.«

Dominik Stahl (deutscher Fußballspieler)

mein Handy, meine E-Mails, mein … Lassen Sie alles los und bleiben Sie bei Ihrer Auszeit. Und vielleicht stellen Sie fest, sobald Sie sich Ihre Auszeit nehmen, kommen neue Ideen.

Bratapfelduft atmen: Ihr Innen betrachten und gleichzeitig das Außen wahrnehmen

Suchen Sie sich einen ruhigen Ort und nehmen Sie bequem auf einem Stuhl Platz. Lassen Sie Ihren Atem fließen. Einfach so. Beobachten Sie, wie er fließt – ganz von allein. Ein und Aus. Nach einer Weile öffnen Sie sanft die Augen und stehen langsam auf. Strecken Sie die Arme auf Höhe Ihrer Brust aus, die Fingerspitzen berühren sich sacht. Dann heben Sie langsam – in Zeitlupentempo – Ihre Arme nach oben. Sie folgen dieser Bewegung mit Ihrem Blick. Wenn Sie weit über Ihrem Kopf angekommen sind, stellen Sie sich vor, dass direkt über Ihrem Kopf an der Decke ein Bratapfel hängt. Sie nehmen seinen Duft wahr. Sie wollen ihn unbedingt in Ihren Händen halten. Sie strecken sich mehr und mehr. Sie sind nah dran. Sie pflücken ihn von der Decke. Und langsam, sehr langsam bewegen Sie Ihre Arme – den Bratapfel in Ihren Händen – wieder in die Ausgangsposition zurück. Vor Ihrer Brust nehmen Sie diesen Bratapfel nochmals mit Ihren Blicken wahr und freuen sich über dieses Spiel.

Jetzt spüren Sie nach, wie sich Ihr Rücken, Ihr Körper, Ihr Gesicht anfühlt: Was entdecken Sie?

Tipp: Dieses Bratapfelpflücken schenkt Ihnen Inspiration vor allem im Herbst und im Winter. Für die Frühlingsmonate oder den Sommer können

»Die Kunst des Ausruhens ist ein Teil der Kunst des Arbeitens.«

John Steinbeck

Sie sich Blüten vorstellen oder eine Blume. Oder Sie pflücken Obst vom Baum ... Was ist Ihre Lieblingsinspiration?

Schön fühlen

Entdecken Sie die Freude in den einfachen Dingen des Alltags. Duschen heißt genießen. Spüren Sie, wie die Tropfen auf Ihre Haut treffen ... Was erleben Sie dabei? Was fühlen Sie auf Ihrer Haut?

Tipp: Sie kämmen Ihr Haar. Sie trinken ein Glas Tee. Sie schreiben Notizen ... All diese Dinge des Alltags lassen sich auf diese Weise erfahren.

»Jeder Mensch trägt seinen Zauber im Körper…«

Nach Friedrich Hebbel

Lebensfreude

Beschreiben Sie eine Blume, ein Ei, ein Hölzchen ... eine Minute, zwei, drei, vier, fünf Minuten. Welche Gedanken, welche Gefühle schenken Sie sich damit?

»Beobachtung beeinflusst Wirklichkeit.«

Heisenbergsche Unschärferelation

Der Welt (m)einen Rahmen geben

Eine Teilnehmerin erzählt: »Da gibt es ein inneres Getöse, das meine Welt aus den Fugen hebt. Durch dieses Getöse gewinnen Nebensächlichkeiten ein unangenehmes Gewicht und nehmen viel zu viel Platz in meinem Leben ein. Unverrückbar. Und es bekommt ein Übergewicht zu dem, was mir im Alltag begegnet.« Kennen Sie ein solches Gefühl ebenfalls? Wo finden Sie es? Wie lösen Sie es auf?

»Wenn man Wasser in einem Teich umrührt, wird es trüb, aber die Natur des Wassers ist deshalb nicht schmutzig.«

Dalai Lama

ALI lädt Sie ein

... zum Atmen, Lächeln, Innehalten. Suchen Sie sich einen ruhigen Ort. Und schenken Sie sich einige Minuten Auszeit mit Ihrem Lächeln und erfreuen Sie sich daran, dass Sie eine Auszeit nehmen und innehalten:

Atmen – Lächeln – Innehalten.

Tipp: Eine Prise ALI können Sie überall leicht einbauen: in Besprechungen, am Schreibtisch, beim Gehen, Stehen, Unterhalten. Entdecken Sie dabei, was im Miteinander entsteht.

»Nichts in der Welt wirkt so ansteckend wie Lachen und gute Laune.«

Charles Dickens

Gedankenlos – Gedanken los ...

Das Blatt und der Stift liegen schon vor Ihnen und jetzt: Kritzeln, zeichnen, schmieren Sie einfach drauflos ... Erfreuen Sie sich daran, was sich da auf dem Blatt zeigt.

Tipp: Mein Patenkind füttert ihren Computer mit ihren Gedankenlos-Sessions: immer wenn sie bei sich ankommen will; immer wenn sie Zeit hat, wenn sie telefoniert ... Immer wenn Sie etwas ärgert ...

»Jeder Mensch ist ein Träger von Fähigkeiten, ein sich selbst bestimmendes Wesen, der Souverän schlechthin in unserer Zeit. Er ist ein Künstler, ob er nun bei der Müllabfuhr ist, Krankenpfleger, Arzt, Ingenieur oder Landwirt. Da, wo er seine Fähigkeiten entfaltet, ist er Künstler. Ich sage nicht, dass dies bei der Malerei eher zur Kunst führt als beim Maschinenbau.«

Joseph Beuys

Ich freue mich ...

Erzählen Sie Ihrem Tagebuch, worauf Sie sich freuen ... und entdecken Sie Ihre Vorfreude auf diesen neuen Tag in Ihrem Leben.
Machen Sie es am Abend rund. Schreiben Sie am Ende des Tages auf, wofür Sie heute dankbar sind.

Tipp: Sie wissen, Beziehungen haben es in sich und schenken tausendfach zurück ... Wem wünschen Sie heute etwas Gutes? Wo entstand etwas mit

»Es gibt in der Welt selten ein schöneres Übermaß als in der Dankbarkeit.«

Jean de La Bruyére

anderen und dafür sagen Sie gern: Danke! Sagen Sie es auch laut zu all denen, die zurücklächelten ...

Puzzle des Lebens

Wie wäre es, wenn Sie sich heute Ihre drei Lieblingserfolge aufschreiben und aus diesen wie bei einem Puzzle ein Bild gestalten. Sie können malen, zeichnen, mit Fotos arbeiten ... Am besten alles zusammen. So entsteht das Puzzle Ihres Lebens, und wer weiß, vielleicht haben Sie Ihre Begeisterung entdeckt und puzzeln weiter.

»Lächle mit dem Leben,
denn es liebt dich!«

Und welches kleine Glück wünschen Sie sich heute …

Schreiben Sie es auf.

»Engagiere dich für das Unmögliche, um das Mögliche zu erreichen.«

Konfuzius

Die Perlenkette des Glücks

Meine Großmutter wusste mich stets aufs Neue mit ihren Geschichten zu überraschen. So entdeckte ich die Perlenkette des Glücks.

Sie fragte mich eines Tages: »Wer hat dich heute angelächelt und dabei in dein Herz geschaut? Hast du gespürt, wie es warm wurde? ... Erinnerst du dich, wie du heute voller Liebe zu mir ›Danke‹ gesagt hast? ... Kannst du es fühlen, wie dich heute Morgen die Sonnenstrahlen auf deiner Haut weckten? Und weißt du noch, wie wir dann gemeinsam den süßen Duft des Holunders nachspürten?«

Ich erinnerte mich. Da fuhr sie fort: »Schau mal, jetzt hast du schon fünf der wunderbar strahlenden Perlen gesammelt. Erzähle, welche hast du noch entdeckt? Ich seh sie schon, wie sie deinen Hals als Kette umschmeicheln. Diese Perlenkette kannst du Tag für Tag umlegen und Tag für Tag wachsen lassen.«

»Hat mein Bruder auch eine?«, fragte ich. Sie bejahte es und stellte lachend fest: Du hörst sie immer leise in seiner Hosentasche klickern.«

»Man sieht nur mit dem Herzen gut.«

Antoine de Saint-Exupéry

Freunde, Familie, Kollegen ...

Wem wünschen Sie Glück auf dieser Welt?
Schreiben Sie Ihre Gedanken auf.

»Das beste Mittel, jeden Tag gut zu beginnen, ist beim Erwachen daran zu denken, ob man nicht wenigstens einen Menschen an diesem Tage eine Freude machen könne.«

Friedrich Nietzsche

Ich bin jetzt!

Sie folgen Ihrem Atem, der Sie begleitet, und erfreuen sich der Gedanken, die Sie am heutigen Tag inspirieren.

»Ich bin, deshalb bin ich.«

Martin Walser

Der Genusstisch: Genuss statt Jo Jo

Leckeres steht auf dem Plan – Leckeres jeder Couleur: knackfrisches Gemüse, fröhliches Obst, freche Früchtchen, wie zum Beispiel eingelegter Ingwer, afrikanische Paprika, Oliven, die es in sich haben ... Smoothies.
Mit kleinen Portionen decken Sie liebevoll einen Tisch. Süss, sauer, lecker ... Dazu Kerzen und perlender Sekt zum Anstoßen, wenn Ihre Freunde kommen. Voilà, eine kleine Überraschungsstehparty in lockerer Runde.

Tipp: Kennen Sie die Kraft von Superfood? Granatapfel mit seinem rubinroten Samen, Blaubeeren, geheimnisvoller grüner Tee, dunkle Schokolade, Walnüsse ... Die Freude am Genuss toppt Ihre Gesundheit.

»... und dem im Alltag eingesperrten Leben entkommen ...«

Das Besondere besonders wahrnehmen

Nehmen Sie sich einfach eine kleine Portion Zeit. Wie wäre es mit fünf Minuten. Wählen Sie etwas Einfaches, Unspektakuläres, dem Sie Ihre Zeit schenken: einem Flecken am Himmel, einer Blume, einem Spielzeug Ihres Kindes, einem Stück des Weges ... und betrachten Sie es mit Ihrem Anfängergeist. Erleben Sie es so, wie ein Kind, das seine ersten Treppenstufen hochkrabbelt, einfach neugierig auf genau das ist, was in diesem Augenblick geschieht. Welches Geschenk machen Sie sich? Vielleicht entdecken Sie heute den Himmel in einem unwiderstehlichen, wilden Blau. Vielleicht zieht Sie der Teppich, den Sie Tag für Tag mit Füßen treten, in seinen Bann. Oder vielleicht zeigt sich der Fensterrahmen Ihres Büros im tiefsten Tief von Weiß. So wie Sie es bisher überhaupt noch nicht gesehen haben.
Sie wissen: Es sind die kleinen Entdeckungen, die Kinderaugen erstaunen. Was schenken Sie sich in Ihren fünf Minuten?

»Ich glaube fest daran, dass ich mit einer neuen Wahrnehmung der Welt wiedererwachen werde, in eine tiefere und wahrere Wirklichkeit.«

Nach Don DeLillo in Null K

Deine Ziele, meine Ziele – carpe diem

Ein Ziel will erreicht werden: das persönliche sportliche Engagement, die gemeinsame Urlaubsplanung, der Auftrag des Kunden, das Team und seine Entwicklung ... Und jetzt kommt die spannende Frage: Was verbinden Sie damit? Was davon ist es, was Ihnen Freude bereitet, Ihre Neugierde weckt? Welche Ihrer Stärken setzen Sie ein? Ihre Antwort bringt Sie näher an das, was für Sie Sinn in Ihrem Leben bedeutet.

Tipp: Nehmen Sie sich an manchen Tagen die Zeit, kleine und große Entscheidungen – gerade dann, wenn diese von anderen an Sie herangetragen

»Der Fels ist, aber er existiert nicht.«

Martin Heidegger

werden – bewusst mit dieser Überlegung zu starten. Fragen Sie sich: Was macht mir Freude daran? Welche Ziele verbinde ich persönlich damit?

Ja – Ja – Danke – Danke ...

Jeden Weg, den Sie gehen, können Sie dafür nutzen ...
Begleiten Sie jeden Ihrer Schritte mit den Worten: »Ja« (ein Schritt), »Ja« (der nächste Schritt), »Danke« (der dritte Schritt), »Danke« (der vierte Schritt). Dann beginnen Sie wieder von vorn.
Welche Wege gehen Sie? Vom Parkplatz zum Büro, die Treppe rauf zum Besprechungsraum, die Treppe runter in die Kantine ...
Nutzen Sie diese Wege und abends können Sie aufschreiben, wie Sie die Gehmeditation »Ja – Ja – Danke – Danke« erlebt haben.

Info: Die Neurowissenschaften haben es schon entdeckt: Manche Wörter fördern unsere Energie, bauen sie auf. Dazu gehören: Ja, danke, Friede, Freude ... Was baut Ihre Energie auf?

»Jeder Weg beginnt mit dem ersten Schritt.«

Ich bin der Künstler für mein Wohlbefinden im Leben

Wie wäre es mit einem Ritual für die unwegsamen Seiten des Lebens? Lassen Sie sich von Ihrem Leben inspirieren. Seien Sie in allen Facetten Künstler Ihres Lebens. Eine Laus ist Ihnen über die Leber gelaufen? Jammern ist angesagt? Nehmen Sie sich ein wenig Zeit. Spüren Sie dem Gefühl bewertungsfrei nach, das sich gerade einstellt und erleben Sie, wie es sich nach und nach neutralisiert.

Bewertungsfrei? Das geht nicht? Doch! Gehen Sie einfach liebevoll mit sich um. Wenn Sie eine Bewertung entdecken, setzen Sie diese auf eine Wolke und lassen sie ziehen. Oder: Sie halten inne. Schauen sich diese Bewertung bewusst an und lassen sie los ...

Tipp: Starten Sie morgens im Bett mit zwei, drei bewussten Atemzügen in den Tag und kommen Sie sich dabei sich selbst auf die Spur. Fragen Sie sich: Welche Stimmung begleitet mich jetzt? Und dann folgt einfach die

»Kein neuer Tag im Leben sollte als selbstverständlich angenommen werden, vielmehr als ein Geschenk, welches tatsächlich manchmal erst im Morgengrauen verpackt wird.«

Frank Wisniewsky, Informatiker

Frage: Was tut mir jetzt gut, was kann ich mir jetzt im Moment Gutes tun? Und wenn Sie mehr Zeit, Platz brauchen … Sie wissen ja, Ihren Raum fürs Jammern finden Sie auf → Seite 116 f.

Mein Gewinn: Klarheit

»Nein« ist besser als »vielleicht«. In welcher Situation schenken Sie sich heute diese Klarheit?

Tipp: Sie kennen das sicher auch: Immer wieder wird es im Nachhinein klar, dass ein Nein besser gewesen wäre. Für Sie selbst, für alle. Häufig erkennen wir viele solcher Situationen im Voraus. Überlegen Sie daher, wie sie tat-

»Me – we. Ich muss nicht so sein, wie ihr mich haben wollt. Ich darf so sein, wie ich will.«

Muhammad Ali

sächlich reagieren wollen mit einem »Ja«, »Vielleicht« oder doch mit einem »Nein«. Freuen Sie sich dann über das Gelingen.

Ärger? Nein, danke!

Sie spüren Ärger in sich aufsteigen. Jetzt. Halten Sie an. Lehnen Sie sich zurück. Und atmen Sie einfach in diesen Ärger hinein. Und was entsteht jetzt? Sind Sie auch erstaunt, wie schnell er verflogen ist, und Sie wieder mit wachem Verstand und Ihrer Contenance in den Tag schreiten können? Schenken Sie sich ein Lächeln als Dankeschön für dieses Loslassen. So entsteht schon fürs nächste Mal Motivation, dem, was Sie belastet, innehaltend zu begegnen.

Tipp: Langeweile, Wut, Neid. Jedes Sie belastende Gefühl können Sie auf diese Weise lösen. Und je mehr Sie es tun, desto weniger plagt es Sie in Zukunft.

»In jeder Minute, die man mit Ärger verbringt, versäumt man sechzig Sekunden seines Lebens.«

William Somerset Maugham

Mein Schreibtisch – mein Seelenfrieden

Gönnen Sie sich jeden Abend fünf Minuten und zaubern Sie Ihren Schreibtisch leer. Morgens entdecken Sie, welches Gefühl Sie begleitet, wenn Sie Ihr Büro mit dem Blick auf Ihren aufgeräumten Arbeitsplatz betreten.

»Ein aufgeräumter Schreibtisch schafft mir meinen Seelenfrieden.«

Alfred Hitchcock

Einfach spüren! – Jetzt!

Mehr gibt es heute nicht zu sagen.

»Und jetzt noch ein Lächeln zum Mitnehmen.«

Blumen, die Lieblingsgedanken der Natur

Eine Blume, eine Pflanze begegnet Ihnen auf dem Spaziergang ... Was sehen Sie, was riechen Sie, was entsteht in Ihnen – welche Gedanken, Gefühle, welches Berührtsein ...

»Blumen sind die Lieblingsgedanken der Natur.«

Bettina von Arnim

Möge das Glück ...

... immer greifbar sein: für mich, für dich. Mögen gute Freunde immer in meiner / deiner Nähe sein. Möge jeder Tag, mir / dir eine besondere Freude bringen, die mein / dein Leben heller macht.
Starten Sie mit diesem irischen Segenswunsch in Ihren Tag und entdecken Sie, welches Glück Ihnen begegnet.

»Ich bin Leben, das leben will, inmitten
von Leben, das leben will.«

Albert Schweitzer

Das Sein beglückwünschen – ein Spaziergang

Vielleicht scheint die Sonne, vielleicht ist es neblig, vielleicht regnet es ... Schenken Sie sich einen Spaziergang und fühlen Sie, was Ihre Haut, Ihr Gesicht, Ihre Hände bei Ihrem Spaziergang erleben.

»Es gibt so viele Dinge, die man nicht mit Geld bezahlt, wohl aber mit einem Lächeln, einer Aufmerksamkeit, einem Danke.«

Léon-Joseph Suenens

Das wärmende Nest unserer Gedanken

Ihr Erfolgstagebuch, Ihr Meisterwerkbuch lädt Sie ein, einfach nur zu schreiben: Schreiben Sie auf, was Ihnen gerade einfällt. Ideal ist es, wenn Sie zwei Seiten* füllen. Ohne Punkt und Komma. Schreiben Sie, ohne zu bewerten, ohne anzuhalten, einfach das, was Ihnen gerade in den Sinn kommt. Und wenn Sie fertig sind, verweilen Sie einen Moment und spüren Sie nach, wie es Ihnen gerade geht. Was fühlen Sie? Vielleicht fragen Sie auch danach, wo im Körper Sie es fühlen. Wenn Sie Lust haben, schreiben Sie das ebenfalls auf. Dieses Schreiben führt Sie zu vielen Entdeckungen, wenn Sie es regelmäßig machen.

* Wenn Sie gerade so richtig dabei sind und Sie brauchen mehr Blätter, dann schreiben Sie einfach auf einem Block weiter. Oder fahren Sie auf den nächsten Seiten fort.

Diese Übung können Sie Tag für Tag in Ihr Leben einladen. Sie gewinnen Klarheit, erleben sich mehr und mehr bewertungsfrei, mit klarem Kopf und offenen Sinn für all das, was Ihnen im Leben begegnet.

P. S. Jetzt folgen Ihre Erkenntnisseiten – die freuen sich auf Ihr Wissen, Ihre Erfahrungen ...

Ihr Meisterwerk – die Erkenntnisseiten

Wenn Sie einfach Freude und Lust daran haben, das Wichtigste für Sie zusammenzufassen, dann sind Sie hier auf diesen Seiten richtig.

Lebenslauf – Steckbrief und ein kleines Experiment

Das Lebensexperiment

Wir heißen Sie nun willkommen zu Ihrem Lebensexperiment. Wir garantieren Ihnen eine Vielfalt an freudvollem Entdecken. Am besten starten Sie mit der Zeit, an die Sie sich als Erstes erinnern. Ich habe Coachees begleitet, die sich an Erlebnisse aus ihrer frühen Kindheit mit zwei, drei Jahren erinnern … Also nehmen Sie sich ein wenig Zeit und gehen Sie auf Entdeckungsreise in Ihr Leben. Dafür gibt es drei Fragenkomplexe:

1. Meine Erlebnisse: An welche Erlebnisse erinnere ich mich? Welche Erfahrungen habe ich damit gemacht? Was habe ich daraus gelernt? (Ein Beispiel: Im Kindergarten entdeckten Sie, wie viel Freude Ihnen das japanische Papierfalten macht. Eine Vielzahl Tiere, Blüten, Bilder entstanden durch Sie aus den zarten Papierbögen.)
2. Mein Familiengeschenk: Was habe ich durch meine Familie geschenkt bekommen? (Beispiel Fortsetzung: Das Basteln hatte Ihnen Ihre Großmutter in die Wiege gelegt. Bereits von Kindesbeinen an ließen Sie beide gemeinsam etwas entstehen.)
3. Meine persönliche Lebensleistung: Was ist das, was ich selbst entwickelt, gestaltet, ins Leben gerufen habe? Wofür gibt es keine Wurzeln, keine Anregung durch meine Familie? (Beispiel Fortsetzung: Doch keiner in Ihrer Familie hat Sie zum Papierfalten inspiriert, das ist das, was Sie selbst für sich entdeckt haben.)

Jetzt schreiben Sie Jahr für Jahr Ihre Erlebnisse auf und unterscheiden nach Familiengeschenk und persönlicher Lebensleistung. Wenn das Papier nicht reicht, hängen Sie sich Blätter an die Wand und schreiben Sie dort weiter ... Es ist einfach eindrucksvoll, was Sie alles vor Ihren Augen entstehen lassen.

Meine Erlebnisse 	Mein Familiengeschenk 	Meine persönliche Lebensleistung 

Meine Erlebnisse 	Mein Familiengeschenk 	Meine persönliche Lebensleistung 

Meine Erlebnisse 	Mein Familiengeschenk 	Meine persönliche Lebensleistung 

Ihr Resümee zu Ihrem Meisterstück

Und wenn Sie nun fertig sind, befragen Sie Menschen, die Ihnen nahestehen – Freunde, Familie, Kollegen. Sie werden erstaunt sein, was Sie noch alles ergänzen können.

Dann schauen Sie sich das an, was Sie alles entdecken konnten. Wie fühlen Sie sich? Wie ist das Gefühl, wenn Sie so auf Ihr Leben, auf Ihre Lebenslandschaft schauen ...

Bitte beschreiben Sie es:

Wo im Körper entdecken Sie es? Wie fühlt sich das an? – Wärme im Magen, ein Strahlen im Gesicht ... Was ist es bei Ihnen?

Und jetzt betrachten Sie Ihre persönliche Lebensleistung im Detail. Nehmen Sie sich einen oder zwei Buntstifte. Wenn Sie alles durchlesen, werden Sie ein oder zwei Themen finden, die stets wiederkehren. Markieren Sie diese mit dem jeweiligen Buntstift.

Welche Themen haben Sie entdeckt?

Thema 1:

Thema 2:

Gratulation! Sie haben die Wurzeln für Ihren Lebenssinn entdeckt.

»Gute Erinnerungen tragen unser Leben.«

Japanisches Sprichwort

Jetzt lassen Sie sich ein wenig Zeit. – Lassen Sie Ihr Lebenswerk ruhen und vereinbaren Sie mit sich einen Tag, an dem Sie erneut darauf schauen. Begleiten Sie sich selbst mit der Frage: Welches der beiden Themen ist mir wichtiger, berührt, beflügelt mich mehr?

Thema:

Wenn Sie nun Ihr kommendes Leben betrachten: Wie möchten Sie dieses Thema noch lebendiger, freudvoller, genussvoller, beflügelnder in Ihr Leben holen?

Was ist dafür Ihr erster Schritt?

Was sagen meine besten Freunde über mich?

Was von dem, was Ihre Freunde sagen, inspiriert Sie am meisten?

»Nicht wie die Welt ist, ist das Mystische, sondern dass sie ist.«

Nach Ludwig Wittgenstein

Erfolge und Erkenntnisse – auf einen Blick

Manchmal braucht es Zeit, auch den Erfolgen einen wertschätzenden Platz im Leben einzuräumen. Hier ist er. Schreiben Sie hier alles auf, welche Erfolge Ihnen auf den Seiten dieses Buches begegneten und welche Erkenntnisse Sie daraus gewonnen haben.

- → Was sagen meine besten Freunde über mich?
- → Erfolge und Erkenntnisse auf (m)einen Blick
- → Fehler, die mir besonders gut gefallen haben
- → Ihr Freifahrtschein zum richtigen Angeben
- → neue Schritte, die Sie besonders lieben
- → das Genießen danach – denn nichts ist so schön wie eine Belohnung
- → Und natürlich: Was war mir das Wichtigste?*

* Für Ihre Erkenntnisse finden Sie ab hier Platz, damit Sie diese sich jederzeit in Erinnerung rufen können.

»Incipit Vita Nova. Ein neues Leben beginnt.«

Dante Alighieri

Fehler und Erkenntnisse

Folgende Fehler haben mir besonders gut gefallen, weil ich daraus etwas Besonderes in meinem Leben gemacht habe. Was ist daraus entstanden?

Das ist daraus entstanden

»Nur aus unseren Fehlern lernen wir.«

Sprichwort aus der griechischen Antike

Freifahrtschein zum Angeben, zum Richtig-dick-Auftragen

Was fällt Ihnen vielleicht sogar schwer, es den Freunden, der Familie zu sagen? – Was ist es, worauf Sie so richtig richtig stolz sind? Diese Seite freut sich auf jeden Ihrer Knaller!

Neue Schritte, die ich besonders liebe, weil ...

Welches Spannende, Abenteuer, Querdenken ... haben Sie in Ihr Leben gelockt?

»Ich bin ein Meister, der übt.«

Sprichwort aus dem Zen

Ihre Belohnung

Nichts ist so schön, wie das Genießen nach vollbrachten Taten! Ihr Meisterwerk in seinen vielen kleinen und großen Schritten will groß und klein gefeiert werden. Welche Lieblingsfeierideen kommen Ihnen in den Sinn, die Sie ab sofort in die Tat umsetzen?

»Die wichtigste Stunde in unserem Leben ist immer der gegenwärtige Augenblick, der bedeutsamste Mensch ist immer der, der uns gerade gegenübersteht, das notwendigste Werk in unserem Leben ist stets die Liebe.«

Lew N. Tolstoi

Ihre Jammerseiten

Sie wissen es schon, auch für das Jammern brauchen Sie Platz, damit Sie sich gut von dem, was schmerzt, belastet, ärgerlich und wütend macht, verabschieden und dann die neu gewonnene Energie wieder für Ihr freudvolles Leben nutzen können.

»Alle Hindernisse und Schwierigkeiten sind Stufen, auf denen wir in die Höhe steigen.«

Friedrich Nietzsche

Freudvolles Erfolgstagebuch

Was war mir das Wichtigste, das ich bei meinem Schreiben entdeckt habe?

»Der höchste Genuss besteht in der Zufriedenheit mit sich selbst.«

Jean-Jacques Rousseau

Ich habe schon 30 Seiten geschrieben! Und du?
DISZIPLIN!

Und noch was zum Schmökern

Verborgenes entdecken – Schätze heben

Cameron, Julia: Der Weg des Künstlers. Ein Pfad zur Aktivierung unserer Kreativität. München: Knaur Menssana 2009.

Härtl-Kasulke, Claudia: Personales Gesundheitsmanagement. Das Praxisbuch für Personalverantwortliche, Führungskräfte und Trainer. Weinheim, Basel: Beltz 2014.

Härtl-Kasulke, Claudia: Marketing für Zielgruppen ab 50. Kommunikationsstrategien für 50plus und Senioren. Neuwied: Luchterhand 1998.

Härtl-Kasulke, Claudia: Gardens of Wabi and Sabi. Ruhe und Kontemplation. Ich fotografiere das Gefühl, das mich beim Betrachten berührt. Wabi und Sabi als ästhetisches Konzept. In: Helmut Rüger: Photographs. Ohne Ort: Eigenverlag 2007.

Härtl-Kasulke, Claudia: Lernen mit Emotion und Intuition. Der freudvolle Weg zum effizienten Lernen. Arbeitshandbuch für Manager, Personalentwickler und Selbstlerner. Bergisch-Gladbach: Breuer und Wardin 2011.

Härtl-Kasulke, Claudia/ Kasulke, Otto: 75 Bildkarten Gesundheit und Achtsamkeit. Weinheim, Basel: Beltz 2015.

Härtl-Kasulke, Claudia/Kasulke, Otto: Individuelles Gesundheitsmanagment. Der Leitfaden für mehr Achtsamkeit am Arbeitsplatz. Weinheim, Basel: Beltz 2015.

Härtl-Kasulke, Claudia (Hrsg. und Autorin) u. a.: Mit Wertschätzung Wert schöpfen. Das Praxisbuch für achtsame Organisationen. Weinheim, Basel: Beltz 2017.

Kieran, Dan/Hodgkinson, Tom: Das Buch der hundert Vergnügungen. Berlin 2015.

Wissbegierig

Hier gibt es Bücher zu Erkenntnissen, die Ihnen Türen öffnen, wie Neurowissenschaften, Positive Psychologie, das andere Zeitmanagement …

Brandt, Eva: Zeitmanagement im Takt der Persönlichkeit. Weinheim, Basel: Beltz 2017.

Fredrickson, Barbara L.: Die Macht der guten Gefühle: Wie eine positive Haltung Ihr Leben dauerhaft verändert. Frankfurt am Main: Campus 2011.

Hüther, Gerald: Was wir sind und was wir sein könnten. Ein neurobiologischer Mutmacher. Frankfurt am Main: Fischer, 8. Auflage 2013.

Der Titel sagt schon alles ...

Thich Nhat Hanh: Alles, was du tun kannst für dein Glück. Freiburg: Herder 2013.

Wunderbare Ideen für das achtsame Glücklichsein. Einfach innehalten und querschmunzeln

Barabü, Martin von: Puzzle des Lebens. – Er ist ein Zauberer der Imagination. Mit seiner Idee »Puzzle des Lebens« hat er mich inspiriert. https://www.youtube.com/watch?v=rOPXPrCxhtg. Schauen Sie einfach rein.

Saint-Saëns, Camille/Roger Willemsen: Karneval der Tiere. München o.J.

Auch beim Lesen lassen sich Achtsamkeit und Entschleunigung entdecken. Das kann spannender sein, als angenommen ...

Ortheil, Hanns-Josef: Liebesnähe. München: btb 2013.

Rabinovici, Doron: Andernorts. Berlin: Suhrkamp 2010.

Das Finden von mir selbst mit den kleinen und großen Umwegen des Lebens ...

Roy, Arundhati: Der Gott der kleinen Dinge. München: btb 2010. Sie wissen ja, es sind die kleinen Dinge, die uns so viel Freude schenken. Hier eine Anregung, sie zu entdecken.

Rushdie, Salman: Luka und das Lebensfeuer. Reinbek: Rowohlt 2012. Manchmal sind es die großen Geschichten, die uns das Leben erklären.

Seethaler, Robert: Ein ganzes Leben. München: Goldmann 2016. Das Staunen über die Momente des Glücks in der Einfachheit.

Und noch ein Tipp zum gleichen Autor, der auch in den Wirrnissen des Lebens den Reichtum des Lebens entdecken lässt …

Seethaler, Robert: Der Trafikant. Zürich, Berlin: Kein & Aber 2012.

Ohne Autor: Sonntags. Hamburg: Verein Andere Zeiten e. V. ohne Jahr.

Die Auflösung

Illus	Die entdeckten Stärken von:			
		Mr. Posy	Mrs. Posy	Negi
Inhalts-verzeichnis		Teamwork	Fairness	
Meisterwerk		Vorsicht	Soziale Intelligenz	
Gewinnen Sie ein neues Leben		Humor	Neugier	Umsicht
Ihr Neustart		Liebe zum Lernen	Kreativität	Selbst-regulation
Dem Alltag neue Aben-teuer zur Seite stellen		Hoffnung	Führungs-vermögen	Vorsicht
Schenken: teilen Sie das, was Sie tun mit anderen		Dankbarkeit	Großzügig-keit/Freund-lichkeit	Selbst-regulation
Gewinnen Sie ein bewegtes Leben		Weisheit	Enthusiasmus	Umsicht
Achtsamkeit und Resilienz		Authentizität	Selbstregula-tion	
		Vergebungs-bereitschaft	Vergebungs-bereitschaft	Offenheit

Illus	Die entdeckten Stärken von:			
		Mr. Posy	**Mrs. Posy**	**Negi**
Die liebe Achtsamkeit		Spiritualität	Sinn für das Schöne	Authentizität
Es ist wie eine besondere Blume in mir selbst		Bindungs-fähigkeit	Offenheit	
Beginne es jetzt		Umsicht	Tapferkeit	Enthusiasmus
Zufriedenheit mit sich selbst		Bescheiden-heit	Ausdauer	Ausdauer

Das sind unsere Vorschläge für die 24 Charakterstärken. Fühlen Sie sich aber frei, Ihre eigenen Entdeckungen zu machen. Welche Charakterstärken verbinden Sie mit den Geschichten von Mrs und Mr Posy und Negi?

Die Autorin

Dr. Claudia Härtl-Kasulke

Bücher schreiben macht Freude – und das hat sich Claudia Härtl-Kasulke auf die Fahne geschrieben. Seit vielen Jahren gibt es zur eigenen Berufserfahrung mit den Teams und Führungskräften, das praxisnah Geschriebene. Im Fokus steht das Thema: Veränderungen und Strategien, gesund und kraftvoll mit den Beteiligten meistern.

Doch dieses Mal ist es wirklich etwas anderes. Das Erfolgstagebuch, auch Meisterwerkbuch genannt, begleitet die Autorin und mehr als 1000 ihrer KlientInnen seit vielen Jahren. Wie es das Buch schon sagt, dort findet das, was schon gelungen ist, die kleinen und großen Erfolge, Platz. Und so entstand die Idee, diesem Buch einen besonderen Rahmen zu geben. Gemeinsam mit der Illustratorin Sabine Lemke gingen sie auf Abenteuerreise und das, was Sie nun in Händen halten, ist das Ergebnis.

Die Autorin freut sich natürlich über Ihre meisterhaften Abenteuer und Erkenntnisse: haertl-kasulke@bk-k.de. Und wenn Sie mehr über das, was sie sonst noch in die Welt trägt, wissen wollen, dann finden Sie es unter: www.bk-k.de.

2016 Zertifizierte Trainerin für Positive Psychologie (APPA)

2016 Zertifizierte Beraterin für Positive Psychologie (DachPP)

2017 Gründungsmitglied der Europäischen Akademie für Positive Psychologie

Die Illustratorin

Sabine Lemke

Sabine Lemke zeichnet als »Frau Lemke« leichtsinnige Illustrationen. Ihre Auftraggeber sind Berater, Therapeuten und Unternehmen, die die Welt auf ihre eigene Art bewegen. Die Illustratorin steigt tief in das Thema ihrer Kunden ein, um die Zeichnungen möglichst leicht und klar auf das Papier fließen zu lassen. Illustrieren ist ein Abenteuer, immer anders und immer neu. Inhalte drehen und wenden sich, sprudeln aus der Tiefe hervor als Illustrationen. Die Augen erspüren den Kern der Botschaft.
Mit der Kraft der heiteren Illustrationen und den beflügelnden Worten von Claudia Härtl-Kasulke ist der Weg bereitet für Ihre Erfolgsgeschichte ...
Illustrationen öffnen die Augen und das Herz.
Welche überraschenden Einsichten haben Sie gewonnen? Sabine Lemke ist gespannt auf Ihre Resonanz: info@fraulemke.de. Mehr Inspirationen finden Sie unter www.fraulemke.de.

»Ob man Blumen pflegt oder Menschen – nichts kann ohne Liebe gedeihen.«

Oswald Bumke

Dieses Buch ist erhältlich als:
ISBN 978-3-407-36646-7 Print
ISBN 978-3-407-29538-5 E-Book (PDF)

MIX
Papier aus verantwortungsvollen Quellen
FSC® C089473

Lektorat: Ingeborg Sachsenmeier
Illustrationen: Sabine Lemke
Umschlaggestaltung, Satz, Layout: Antje Birkholz
Druck und Bindung: Beltz Bad Langensalza GmbH, Bad Langensalza
Printed in Germany
Weitere Informationen zu unseren Autoren und Titeln finden Sie unter:
www.beltz.de